Las semillas del Muntú

MUSEO SALVAJE

Colección de Poesía

Poetry Collection

WILD MUSEUM

Ashanti Dinah

LAS SEMILLAS DEL MUNTÚ

Prólogo
Pedro Blas Julio

Nueva York Poetry Press LLC
128 Madison Avenue, Oficina 2NR
New York, NY 10016, USA
Teléfono: +1(929)354-7778
nuevayork.poetrypress@gmail.com
www.nuevayorkpoetrypress.com

LIBRO EN COEDICIÓN SIMULTÁNEA:
© Primera edición en Buenos Aires, 2019, Abisinia Editorial
© Primera edición en Bogotá: 2019, Editorial Escarabajo S. A. S.

Las semillas del Muntú
© 2019, Ashanti Dinah

ISBN-13: 978-1-950474-22-6
ISBN-10: 1-950474-22-4

© Colección Museo Salvaje, Vol. 24
(Homenaje a Olga Orozco)

© Prólogo: Pedro Blas Julio

Corrección literaria: Fredy Yezzed

© Concepto de colección y edición: Marisa Russo

© Diseño de colección y cubierta: William Velásquez Vásquez

© Fotografía de autor: Arleison Arcos Rivas

© Fotografía de portada: Roberto Chile
Humo ritual, Proyecto SOMOS, Jagüey Grande, Matanzas, 2015.

Dinah, Ashanti.
Las semillas del Muntú/ Ashanti Dinah. 1a edi-- New York: Nueva York Poetry Press,
2019. 108 p. 5.25 x 8 inches

1. Poesía colombiana. 2. Poesía sudamericana. 3. Literatura latinoamericana.

Todos los derechos reservados. Esta publicación no puede ser reproducida, ni en todo ni en parte, ni registrada en o transmitida por, un sistema de recuperación de información, en electroóptico, por fotocopia, o cualquier otro, sin el permiso previo por escrito de la editorial, excepto en casos de citación breve en reseñas críticas y otros usos no comerciales permitidos por la ley de derechos de autor. Para solicitar permiso, contacte a la editora por correo electrónico: nuevayork.poetrypress@gmail.com.

A mi madre Ana María Herrera de Orozco,
miel que abraza mis orillas.

A mi padre Rafael Orozco Figueroa,
atarraya de mis pensamientos.

A mi hermana Alpha Orozco Herrera,
maceta de abriles.

A mi esposo Agustín Laó Montes,
alfabeto de girasoles.

SACERDOCIO YORUBA, DRAMATURGIA Y ACUARELA LÍRICA EN LAS SEMILLAS DEL MUNTÚ

Acaba de llegar a mis manos el trabajo de la poeta Ashanti Dinah: *Las semillas del Muntú*, primer libro de una trilogía, pudiendo expresar el sentirme privilegiado al constatar de su alta excelencia en pedagogía y el ejercer, a la vez, el sacerdocio de una guerrera de la conspiración cimarrona. Absorto ante su palco real escénico donde ella se enseñorea por entre la sacralidad de un cielo terrenal de tambores. Poemas que van suscribiéndose en la sacralidad ancestral de música, cantares y baile de los pueblos vejados y oprimidos. En este poemario veo una poeta Ashanti en toda la plenitud de las Bellas Artes.

Puesto que la colonización "occidental" consigue reducirnos a la periferia; entonces, esa periferia la emprende en caminos por su cuenta. Y por ende, la sacralidad ancestral de música, cantares y baile frente a los cuales permanece oficiando Ashanti Dinah, la determinan de manera ineludible, alineándose con una fragua de conspiraciones, donde podemos hallarla de sacerdotisa, Iyalosha hija del eternamente rey de los metales, Oggún rey de la guerra. Un sagrado Orisha apostado sobre el santuario de su yunque. Su forja martillante en el esmero de moldear cada vez, con más precisión, todo asunto de esgrimir el accionar combativo de nuestra esencia de guerreros.

Entonces la estrella terrenal y acuosa sobre la que vivimos, y la estrella selenita, siendo hijas de la todopoderosa Yemayá, sacrosanta Orisha de las aguas salinas, empezándole a conocer mucho más acerca de las mismas gracias a los versos de la poeta Ashanti, en especial cuando desde su eclesiástica africanía, en las yemas de sus manos, sabe anunciarnos la entera profecía hallándose por entre las ventiscas, los mares y la madre tierra.

Hablé al comienzo de esta nota acerca de su notabilidad de pedagoga, pues respecto a los conglomerados de etnia negra a lo largo y ancho de la tierra viviendo día a día los embates del fascismo racista, siendo aquí donde la poesía politizada de Ashanti Dinah, se emplaza como pedagoga con su poemario dando la herramienta de una dramaturgia requerida en las comunidades. Poeta Ashanti, posesionándose en su proclama contestataria por reafirmar que pedagogía y subversión suelen ir de la mano.

De ahí, el no desligársele a los versos de Las semillas del Muntú, lo del óleo, que del mismo modo lo del performance, e intervención y acuarela, y hasta un dramatúrgico happening voy captándole a la poeta Ashanti, en este poemario. La verdad es que los ojos de la poeta Ashanti, en esos versos nos están mirando siempre, a razón de llegar a ser ella el público y nosotros el drama. Veo un deconstructivismo en su respetable trabajo de poesía, yendo él mismo, más allá de lo impuesto por la colonización occidental. Me recuerda la poeta Ashanti, al dramaturgo y poeta Antonin Artaud, quien suele sentarse junto al público por conseguir estar frente a su propio trabajo. No obstante, en el caso de la poeta Ashanti, el asunto va siendo de otra índole, cuando al igual que el dramaturgo, y así mismo poeta africano Zakes Mda, va prendiéndole fuego al telón. La teatralidad en *Las semillas del Muntú*, nos guía a ese paralelismo hipotético, o quien quita, si ya ejercido, pero que va pareciéndose a la particularidad importante del teatro contemporáneo africano sabiamente resumido por el dramaturgo y poeta Zakes Mda, en una frase, que a la vez es el título de uno de sus libros: *When people play people*... ¡público al servicio del público...! Luego entonces comprobaremos de similar manera la contemporaneidad dramatúrgica africana en la obra *Las semillas del Muntú*, donde Ashanti, también quema el telón, que si no hay telón, en cambio continuará dándose público. Algo muy por encima de la manera occidental. Y, a lo mejor, la quema del telón se lo haya estado intuyendo Shangó, el padre del fuego, quien anhela ver a sus hijos e hijas en una sola unidad ¡Sin telón...!

Menester trasladarnos hasta Gabón, África, donde la semilla del baobab sagrado conduce al entero sacerdocio a hallar el camino de la ancestralidad, proporcionando curaciones e indicando derroteros a seguir. Vemos cómo la savia de aquellos ramajes se le percibe en la poeta Ashanti, quien parece haber hecho parte durante su tránsito por tantas vidas a la tradición bambara, donde una de las muchas variantes de este tipo de teatro es el koteba. Del origen semántico kote-bali, que significa expresión total o poderlo decir todo, una anterior forma teatral difundida en Mali que combina entretenimiento y armonización social, llegando a ser, a su vez, la fuerte praxis en este poemario.

Con la poesía de Ashanti, bien viene de regreso la Biblia de los negros. Un retumbar de artillería de versos, presentándolos en el momento más crucial en la esfera global capitalista, en que cada vez más se acentúa la animadversión, el racismo, la discriminación racial, los estereotipos, prejuicios, representaciones y represalias contra la diferencia.

Una percusión efervescente de grandiosa alquimia de la poeta Ashanti Dinah, quien ha sabido, a través de un apropiado ritual en alta excelencia de poesía, presentarnos la deidad del pájaro Sankofa, por situarnos en el aquí, el ahora, a partir de todo lo de antes. Nos entrega ella un sonar anunciando la llegada de una niña con la nueva palabra; que la manilla de los ancestros con madre todopoderosa Oyá, la trae la poeta Ashanti en su muñeca. Un gran señor suele conversar a solas con ella y va siendo el carroñero buitre gallinazo o samuro gran Mayimbe que sahúma lo recién fenecido para que los seres sepan regresarse limpios. Que gracias a la poeta Ashanti, han de continuar en la acometida estas etnias del arrojo. Ante todo, por descubrirse las mismas en esos ojos suyos cual melodiosa arpa de miel cantada, siendo aquí cuando nuestra conspiración afrodiaspórica ha requerido permitir enarbolar extendiendo proclama en tributo a su vigilia del paso férreo de ella, como hembra Generalísima General de la fuerza cimarrona.

Nos agrada sobremanera permanecer cercanos a lo inflamante de su poesía, en especial con esas matemáticas de los pasos de una danza, en el sentido de afianzarnos sobre un Pañol de Proa de la última letra del zi-zag, por despistar al impostor de la colonización, o esa peste espiritual que nunca se ha ido de entre las culturas sometidas. Pero gracias a su mirada combativa va la poeta Ashanti, presentándonos el dolor de los ofendidos. Y estuvieron sus versos candentes sin dejar de besarnos desde un arrullar con su pestañeo de pecado sin culpa.

En los versos de la poeta Ashanti, se le palpa su nomadismo a través de la historia de estos pueblos. Sus sandalias estuvieran mostrándonos las trazas de pedruscos del Níger, donde va evidenciando ante nuestra perplejidad que ya con el milenario sagrado Panteón Africano, teniendo principal gabinete de guerreros, iba presentando desde aquellos tiempos la demostración de las mutaciones. Entonces, la poeta Ashanti, al permanecer mutando a través de las edades de la humanidad, no deja pasar por alto cuando a los otros, con los de la periferia y marginados les echan, puesto que los versos de la poeta Ashanti, la emprende dándole reivindicación a estos en su nuevo nombre. Es así como la sabiduría africana recuerda a la humanidad que siempre es potencia en sí misma, de mutaciones. Ya que madre Oyá muta en antílope. Yemayá en cetáceo que no deja de estacionar por la brasilera Salvador de Bahía en la urbe de Cachoeira, donde ambiciona encontrarse cercana a sus hijos arrastrados en el tráfico negrero. Mientras padre Elegbá Laroye Eshú atento él en sus 21 caminos sube en esmero a golpe de baile con su garabato por precisar siempre enderezándole a sus hijos e hijas los caminos. Un padre Elegbá Laroye Eshú, quien a su vez muta en arácnido. P. Eluard sostiene que hay tantos mundos aquí mismo. Veo el paso de ella con sus sandalias partiendo a la lejana Abisinia. Hasta verle, a la misma continuar junto a los fogonazos de resistencia urbana en Kenia. Otras veces la poeta Ashanti, alistándose en festines de los sagrados Orishas negros, quienes escogen apropiado sonar de lunas, por abalanzarse entusiastas, prestos en recoger ofrendas desde el Guaguancó al Son, y todo tipo de presentes como los toques rítmicos del Yuka, Yambú y Changüí de sus hijos, que se la pasan subiendo fogata en mitad de la "casa de agua" de madre todopoderosa Yemayá. Todo lo anterior sobre el anca de archipiélagos urbanos. Ofrendas de sacrosantos tambores Batá con el Kalinga y toda suerte de cantos con bailes desde sus hijos oficiantes como Tatauini, Ignacio Piñeiro, Benny Moré, Arsenio Rodríguez y Chano Pozo.

¡Ay santísimo sacramento de altares Abakuá! Y la poeta Ashanti siempre ahí, en la retaguardia por acompañar a la virgen negra Oyá, mujer de padre Shangó, escondida ella por esperar la intromisión belicosa de aquel diablo de la conquista. En su travesía de avanzada de vanguardia presenta su grito decolonialista, sin dejar de arremeter yéndose adelante en deconstrucción, cayéndole arriba a ese alienador eurocentrismo. ¿No ven la manera cómo a nuestra poeta Ashanti, una centella Endoki de madre Yansá le acompaña? Donde una vez aquí haciéndose acompañar de una virgen negra, les va cayendo arriba, destrozando aquella diabólica emanación colonizadora a todo momento atragantada en hostias. Que al emprender la arremetida, la conduce el sagrado mazo Iruke, que suele ir agitando arriba por entre trincheras de los guettos negros, esa santa patrona Yansá, mujer de otro santo negro guerrero, rey del baile, rey del tambor.

Vemos cómo la poeta Ashanti va departiendo también entre mujeres de la conspiración cimarrona, departiendo bebentina de un ron bailado. O aquella frenética cosa de Wemirele, con sus terrenales santos Orishas. Y he aquí el momento donde los poemas de Ashanti, reúnen a los convocados. Agolpando ella a todas las mujeres negras, ayudándolas a destrozar cazadores furtivos, los enviados por la corona colonial. Pero a nuestra sacerdotisa cimarrona yo me le voy quedando extasiado escuchándole a ella un hablar en Yoruba, otras veces parlotear como ave canora en Congo, o en el acogedor cristalino de su voz en Vudú. Sosteniéndose en una íntima coloración del emblema legendario ancestral, como si en las primeras briznas del alba se mantuvieran absortas sus pupilas.

Entonces en un atravesado de representaciones pictóricas y serenas consigue Ashanti, guiarnos con modulación descriptiva, así como en cuerpo de palabras necesitando expresarse en versos, sin desistir de manejar aquellos caudales de los vocabularios, su tradición, sus evocaciones, su concordancia, con el umbroso arrastre. Todo su interés radica en lo de erogenarse con las palabras justas. Le tiene sin cuidado a la poeta Ashanti, si la crítica o el lector logran o no escucharlas. Ella en lo similar al neorrealismo de Fellini... la nave va...

La poeta Ashanti, en la combatividad de esta obra plantea convocar a los impugnados, los contrarrestados, por reunirlos en nuevas formas de comunidad. Atraer en alianza constante al marginado, ya que de alguna forma, gracias al colonialismo han de ser éstos nuestra familia. Viendo cómo a partir de los versos de la poeta Ashanti, vamos con una vanguardia de paso de avanzada, su poesía es la propuesta de demolición y ruptura, es decir, el intento de posesionarse en la decolonialidad, e ir más allá de la historia oficial. Construir a partir del deconstructivismo del discurso del poder de una sociedad clerical, conservadora.

Ha llegado de manera acertada poeta Ashanti, con su poemario en los momentos del sonar de los bambanes y las campanillas anunciándonos la voz del Aleyo, Palero, Tata, Yaya, Santero, Babalawo, Iworo, Espiritista de Pino Nuevo o muchos religiosos del credo de la piel abenuz, quienes han tenido que enfrentar la iglesia de la colonización de la garrotera cruz. Aquí nos encontramos de pie ante el llamado de la poeta Ashanti, cuando una vez transcurrido uno de los capítulos de su sacerdocio en Iyaworaje, ha de concebirse en ella la acreditación de la pureza de Obatalá, la dulzura de Oshún, el amor de Yemayá, la malicia de Shangó, el irrumpir belicoso de su padre Oggún, lo travieso de Elegbá o Elegbá Laroye Eshú, lo sabio de Olofi, lo atrevido de Oyá, la sinceridad de Babaluayé. De similar manera estos versos de la poeta Ashanti preparan un baile en honor al sagrado Orisha negro Ochosi, con su arco y flechas en voluminosidad de este cazador del bosque, que siempre esmerado él velando por nuestros comandos de choque en presidio. Relevo de Iyaworaje de la poeta Ashanti, presentando credenciales ante el respeto y la sabiduría de Orula. Va ella ahora en el orgullo de los santos que acompañan su corona y respetan y protegen la religión milenaria Yoruba.

Que una vez conociendo el tratado, al interior del grandioso poemario de la poeta Ashanti, como poeta negro no quiero volver a esos lugares donde a nuestra cultura, nuestras creencias, liturgias, nuestros espíritus, nuestros Orishas y nuestros nfumbes, siempre se les han mancillado, insultado y hasta maldecido. Cuando una vez voy encontrándome a bordo de la nao de los versos de la poeta Ashanti, no tengo nada que buscar en una iglesia de la colonización de la garrotera cruz. Mi lugar está al pie de mis Orishas, en mi munanzo, en mi amado portal de mis sagrados espíritus, en mi bóveda, a la destinación de mi teja morada del nfumbe, no en un lugar donde ni siquiera yo soy bienvenido. ¡Qué tristeza da ver a un santero quitándose su pulso, su Ildé, escondiendo sus collares, para entrar a una iglesia de la garrotera cruz de la colonización! ¿Será que se avergüenza de su religión? Nos pone en sobre aviso Ashanti: ¿Hasta cuándo vamos a ver nuestra Regla de Osha, a la sombra de la religión católica? ¿A razón de qué tenemos que someter nuestra fe a otra que tanto nos odia y nos aborrece? ¿Por qué tenemos que dejar de trabajar lo nuestro en la tal Semana Santa de la iglesia de la garrotera cruz de la colonización? ¿Qué tiene que ver una celebración de una religión elevada en asaderos de carne humana y empresa enteramente sanguinaria con nuestra creencia?

La poeta Ashanti, no está articulando exclusivamente el hálito de su época, sino que en cada imagen auditiva suya va poniendo proa sobre la cresta de la hostilidad de nubladas incertidumbres, toda la exquisita pluralidad de su tradición de la oralidad ancestral que nos atañe. En el sentido de percatarnos cómo la iglesia de la colonización de la garrotera cruz, llevaba a nuestros ancestros negros los domingos de misa, vestidos de blanco para que aquel dios, los pudiera reconocer, y eran ubicados al final de la iglesia, y debían permanecer parados durante la misa porque no se les permitía sentarse, dado que ni siquiera eran considerados seres humanos.

La poeta Ashanti en el poemario *Las semillas del Muntú* habla desde el corazón mismo de su cultura. No habla por sí misma, sino en nombre de los pueblos ultrajados. Se encuentra, la poeta Ashanti, pues proyectada con lo ejemplar de la fuerza de lo sistemático, logrando llevar en su estructura particular la destreza de explicarnos la importancia, y el impacto progresivo y trascendental de las comunidades de la periferia. Consigue de manera sutil este hermoso combativo gabinete de la poeta Ashanti, guiarnos a dimensiones del pasado donde se cometieron barbaridades contra nuestros ancestros que la iglesia de la colonización de la garrotera cruz lo estuvo permitiendo. Porque la corona española regalaba el oro que robaba a nuestros pueblos, al insaciable Vaticano. Entonces ¿para qué asistir a un lugar y creer en una religión que humilló y oprimió a nuestros ancestros?

La poeta Ashanti Dinah, por su condición de sacerdotisa guerrera ha de contar ya con el respaldo del entero sacrosanto Panteón Africano. Yo la veo oficiando junto al padre de las frondosidades el Osaín, divinidad de los bosques. Conmocionan los versos de una poeta Ashanti, colmados de una devoción por los fuellajes. Se le ve el auscultar por entre el deslumbramiento del Monte, como lo escribiera Lydia Cabrera. Entonces con apóstrofe de honestidad logra la poeta Ashanti, sugerir la perspectiva impensada a las más ligeras reminiscencias, con un cierto laconismo, pero sin la sensiblería hartísima, ya que sabe restringirse así misma toda emotividad cuando describe la liturgia suya, que siempre hallándose presta en nutrirla de espesuras de la divinidad Osaín, sin dejar el rey de los caminos bendecirle junto con el guerrero rey de los metales, su padre Oggún. Y nunca dejando de exclamar ella aquello del ¡Kabiosile! al rey de los tambores y el baile, donde así mismo estaría contando con el carcaj repleto de flechas del cazador reverenciado, padre Ochosi.

La poeta Ashanti nos acerca a unos rituales de celebración del trabajo inherente al canto espiritual, aquel de los negros esclavizados trabajando en las canteras de piedra, las minas, los pantanos, los sembradíos del negrero.

Nos enfatiza Ashanti acerca de aquel canto africano de la vida cotidiana, como celebración del trabajo, que integra la música en las ocupaciones del aquí y ahora. Es así como logra convencernos la poeta Ashanti, de que los cantos de laboreo van siendo un ejemplo del ritmo como fuente de disciplina, donde el blues permitía al intérprete manifestar individualmente su dolor, su opresión y su pobreza, así como sus añoranzas y deseos. Escribe ella a partir de sus Orishas que le van diciendo a diario que aunque no los vea... la cuidarán. Y aunque no los vea, ella siente que éstos le extienden murmurio tierno. Y aunque a veces ella lo dude... estarán siempre a su lado. Nos está diciendo la poesía de Ashanti, de la manera cómo el blues nos ofrece un misterio espiritual tan insondable como los que plantea la tragedia clásica. Nos ayuda la poeta Ashanti a sustituir la palabra tragedia por la palabra blues, pues de alguna manera, consigue indicarnos acerca de esa otra faceta de los ritmos africanos, más que todo en el sentido dionisíaco y liberador.

Sin dejar de auscultar su expandida pluma por entre los recovecos de la historia negra, donde ella nos facilita ver cómo el africano esclavizado nunca permite caer en la lástima de sí mismo y la recriminación. Es cuando su poesía se permite revelar, que en lugar de ello, este medio de expresión ofrecía más bien unas purificaciones, un embellecimiento del arduo contexto vital y, limpiamente, un confortable sobresalto de poderío de los adoloridos escenarios referidos por el blues. Me gusta percibirle a sus versos las tonadas blues de las dos piedras angulares de la música de Charley Patton en su estilo guitarrístico, sutilmente propulsivo, y su canto sonoro y relajado, al que a menudo incorporaba acotaciones habladas. Donde nuestro genial Charley Patton, rey del Delta blues, combinaba estos dos elementos en un contrapunto directo entre la música vocal y la instrumental. El efecto equivalía a una ingeniosa conversación entre él y su guitarra, viéndole yo aquí a la poeta Ashanti, hablar en musicalizados cantares, casi que a manera de diálogo que se remontaba a la omnipresente tradición africana de la llamada y la respuesta.

Sobre la luminiscencia de su poesía, Ashanti va situándome bajo la sensación musical cilíndrica de lunas. Con una luna algunas veces vestida de plateado argentífero por dar la sensación de un solo de bajo del sensacional bajista Jaco Pastorius. Otras de un platinado licor albayalde que ha de permanecer ungiendo la canción de los poemas de Ashanti, y bajo esa tela seminal, estos se dejan llevar en su propia ablución a las faldas de maretas de Yemayá, la madre de la casa de las salinas aguas, quien se decide por bailar esa calma chicha (como lo suele expresar la jerga marinera ante la calma de los océanos), de aquel soul profundo del trabajo de la poeta Ashanti, en enigmática saxofonía. Nos encontramos recibiendo los versos de la poeta Ashanti, bajo el ambarino manto de la hija predilecta de madre Yemayá, donde aquella luminiscencia Selene va surcando la noche en desnudez provocadora, y redonda. Y hallándose la poeta Ashanti en Afroamérica, la toma de la mano aquel dios-pájaro Sankofa, y sin duda su padre Oggún, y entonces transmutada ella, en ese mismo Muntú, se vuelve faraona negra de la batalla literaria.

Se encuentra también la poeta Ashanti, a la diestra del pavo real del altar de Oshún. El patakí (la narrativa oral fundacional) aconseja escuchar a ese pavo real sus alabanzas de plumajes, pero advierte no contemplarle en silencio, o de lo contrario cerrará su abanico antiguo… Poeta Ashanti, a ese pavo real no le da ocasión que éste cierre su espléndido abanico antiguo, porque sabemos que él jamás dejará de cobijar en caricias a *Las semillas del Muntú*. Una obra en cuya cubierta del nao, la poeta-Sacerdotisa del Ashé de la palabra, decide subir haciendo pasos de saya de poemas tejidos de hilos de oro, jade y otros bordados de piedras preciosas, porque Ashanti acaba de tomar aquí el mando de nuestra guerra… Msalamalekum… Malekum salam.

Poeta Negro Pedro Blas Julio
Cartagena, agosto de 2019

La filosofía del muntú, aun cuando tenga la originalidad de ser la más antigua, incorpora elementos de otros pueblos africanos y de fuera del continente, lo que la hace ecuménica en el sentido más humano, es decir: tiene validez más allá de los credos religiosos o políticos. Su prédica mayor va dirigida a la enseñanza de los principios elementales de sobrevivencia y convivencia entre los hombres y la naturaleza. Una filosofía vitalista y existencialista, íntimamente sometida a los mandatos superiores y sagrados de los ancestros [...] El muntú concibe la familia como la suma de los difuntos (ancestros) y los vivos, unidos por la palabra a los animales, los árboles, los minerales (tierra, agua, fuego, estrellas), y las herramientas, en un nudo indisoluble. Ésta es la concepción de la humanidad que los pueblos más explotados del mundo, los africanos, devuelven a sus colonizadores europeos sin amarguras ni resentimientos. Una filosofía vital de amor, alegría y paz entre los hombres y el mundo que los nutre.

MANUEL ZAPATA OLIVELLA
La rebelión de los genes:
El mestizaje americano en la sociedad futura

Quién contiene a la diversidad y es la Naturaleza
quién es la amplitud de la tierra y la rudeza y sexualidad de la tierra
y la gran caridad de la tierra, y también el equilibrio
quién no ha dirigido en vano su mirada por las ventanas de los ojos
o cuyo cerebro no ha dado en vano audiencia a sus mensajeros [...].

WALT WHITMAN, *Cosmos.*

ORGASMO DE LA CREACIÓN

Refiere un antiguo mito
                 que el cosmos copuló,
nuestro origen fue orgásmico,
algo así como el mismo placer-dolor que sentimos en el
                                  roce del sexo.

Tal vez el gemido de un astro eyaculó
                      sobre alguna galaxia
y explotó como una yema de huevo en mil colores.

Con la fuerza del viento, fue imprescindible que se esparciera un salpicón de semillas
                      inaugurando vida en la tierra.

CUERPO DE ASTRONOMÍA

Soy un ser esencialmente cósmico.
Todos los elementos de mi organismo
estuvieron en las entrañas de la creación
desde la edad geológica.

Hace millones de años
era polvo de hidrógeno
flotando como un hilo de humo,
orbitando sobre sí como un cordón umbilical,
danzando en espiral como un derviche
sobre el oscuro vacío del espacio.
De la sagrada turbulencia
el gas se condensó en orbes
y se volvió estrella
y empezó a brillar.

Entre átomos,
soy una constelación en miniatura.
Y mi cuerpo naciente,
aún tibio por las manos de Olodumare
late con el ruido que creó la vida.

Soy vestigio de fuego milenario:
contengo en mi célula primera
partículas
que concentran la esencia de todo lo que vibra y fluye.
Tengo redes de nebulosas en el corazón.
Soy una ecuación de sueño.

Por eso, cuando me preguntan:
¿De qué se compone el sistema planetario?
Respondo: "De nosotros mismos".

Destino del muntú

I.   A mi ventana se asoma agbeyamí, el pavo real, y me dice:

El destino está entretejido por la madeja del tiempo.
Estamos emparentados con los siete elementos:
    Cielo nuestro abrigo
    Aire nuestro pensamiento
    Agua nuestra sangre
    Fuego nuestra savia
    Tierra nuestra raíz
    Fauna nuestras venas
    Flora nuestros sueños.

Y no olvides, Dinah, que anudamos la voz del corazón a las constelaciones.

II.   A mi puerta toca akuaaró, la codorniz, y me dice:

Hacemos parte de una familia astrológica, vegetal, animal
                                          y humana
y estamos hermanados con los volcanes y las piedras...
Acompasamos nuestro aliento con la corriente de los
                                    pájaros y el viento.
Respiramos en cada poro del alma, lo que los árboles
                                        exhalan;
entrelazamos su fuerza y su intuición
en continua ida y vuelta,

       en continúa llegada y partida,
              en continuo fluir recíproco.

Y no olvides, Dinah, que somos nudo forjado desde el inicio del círculo.

III.   A mi cocina gorjea eyelé, la paloma, y me dice:

Y así como el útero cósmico,
llevamos dentro filamentos de órbitas planetarias
frecuencias de partículas y energías atómicas.
Somos continente y contenido.
Somos células, neuronas, hormonas,
somos alquimia, medicina y curación,
somos naturaleza infinita,
somos pasajeros del viaje, firmamento que camina...
Y la conciencia de nuestro cuerpo
está divido por el horizonte.
Expresamos el día y la noche,
la luna y el sol con su ciclo y reflejo.

Y no olvides, Dinah, nuestro origen es terrestre,
              pero nuestro destino es celestial.

TATARANIETOS DEL MUNTÚ

Tú me dirás, Ekobio:

¿Qué anida en el recinto de nuestra sangre?
¿Será un boomerang que retorna al sueño?
¿Una semilla sembrada en el útero de nuestras madres?
¿Quizá una herida reptando en la risa de los pájaros?
¿Serán sauces donde los nidos levantan un concierto al infinito?

Dime, tú, Ekobio:

¿Por qué a los tataranietos del Muntú se nos embriagan las manos de tamboreros invisibles?
¿Por qué se nos quiebra en el pulso un pregón?
¿De dónde nos surge este dialecto que hechiza la muerte?
¿Este clamor siempre claroscuro en la raíz del pasado?
¿De dónde desciende este soplo de palabras?

EL RÍO NÍGER CUENTA SU VIAJE

Somos seres de agua.
En una gota mía está contenido el nacimiento.
De ahí surgió la primera mañana de la creación:
la piedra, el fuego, el aire, la sangre, la saliva, los huesos.

Todo nace y se fecunda en las aguas de mis aguas.

En la aldea lejana de los comienzos,
cuando el universo estaba oscuro,
y no había sol que remontara al horizonte
                                        nacimos,
pariéndonos en la caudalosa ribera de los mares.

Somos el inicio femenino del parto
                            sobre la vasija sagrada.

Nos sostiene una infinidad de polvo acuático
que puja secreciones en las venas.
Cuando lloramos,
nos llueven los raudales de los ojos en rumor de espumas.
Y como la luna escarlata,
las mujeres menstrúan cada ciclo de la existencia.

Las semillas del Muntú

ELLA CON SU AROMA DE ALBAHACA

Cuando el viento es una caverna de amapolas,
mi madre es una raíz vestida de polen.
Es un tibio valle, jardín que viaja libre por las venas
con su lava de sangre y de río.

Cuando recuerdo su aroma fresco de albahaca y pan,
me devuelve a una espiral de nubes,
a un pasillo de la infancia.

Madre, es el preludio de un poema que me arrulla de luz.

Cuando la esperanza se conjuga
—entre latidos de clamor—
me abrazo a tu cuerpo como el tronco a la tierra.

Anita, eres perfume, gruta, verbo,
puñado de semillas en mi ceremonia de nacer.

RÍO DE MI PADRE

Rafael Orozco Figueroa, en cada cumbre de vuelo
y en cada pacto de minuto
tu mano transita por el ardor de mis caminos.
¿Te acuerdas de aquel libro sobre Biko,
                       que con ansias devoramos?

Ahora, las arrugas del tiempo cinceIan la geometría de tus
sueños sobre la piel de los espejos.
Hoy, en el oficio de las horas
se ensortija todo un río de vida como un pueblito de nostalgias en tus ojos
y una primavera de lluvia se acopia en tu mirada.
Estás aquí, de pie,
como un poema épico en el albor de las pupilas.

En el corazón de tu voz,
late un legado de dulzura que disipa mi tristeza.
Con tus alas abrigas el paisaje de mi infancia
y con el oleaje de tu sonrisa,
me convidas a volar como una mujer-pájaro
con el rumor de un árbol atravesado en el pecho.

DUALIDAD DEL TIEMPO

Dicen que la vida y la muerte son mundos contrarios,
mas no hay separación dentro y fuera.
Quizá sean extractos de una misma sangre
o sinónimos de un mismo tronco.
Ambas están atornilladas por un hilo;
detrás del rostro de una, se esconde la otra.
Cuando la campana de la muerte repica,
la vida responde en coro.
Son huellas de fronteras indivisibles
con coordenadas entre el cielo y la tierra.
Ambas nos muestran una flecha, un mapa y un destino.
Quizá un trazo circular hacia el origen,
una señal prendida de la cola de un cometa,
un milagro cotidiano de lo azul en el umbral del cielo.
Acaso marcan un cruce o una región de pájaros
que atraviesan el soliloquio del agua.
Peregrinación de tiempo
                    por nuestro cuerpo.

LA VIDA DE LOS MUERTOS

Ayer, un Tata Nganga me dijo:
los muertos nacen de las cuatro estaciones
        con el enigma de la existencia.
Nunca mueren: sólo funden su rumor de aliento con la
        tierra.
Cuando reencarnan son espejo líquido de nosotros
        mismos:
palpamos el *patakí* de sus vidas.

Cuando trabajan en el corazón de la manigua
se vuelven tejido de nidos, brazos de musgo y manglar
sobre el mar de los inicios.
Sus rostros se nos cincelan en las manos
untados de lodo, arcilla y estruendo.

Cuando deambulan, se vuelven habitantes
de las estrellas, pasajeros del aire.
Esa es su forma de quedarse a vivir
en el canto del ave.

Vienen desde el ayer a contemplarnos.
Como un coro de abejas surcan la curvatura de la retina.
Un misterio de luna orbitando en sus miradas
nos descifra el pensamiento.
Son los narradores invisibles de nuestros sueños.
Murmuran en concierto de imágenes
que se hacen idea y verbo.

Nos trazan canales en el cuerpo,
bosques de nostalgias, fragmentos sonoros
donde cabe el peso de nuestra memoria.

Son lluvias marcando el compás de los días.
Si los escuchamos sentimos una percusión
galopar las colinas de nuestra lengua.
La artillería de una fuerza en la médula del alma.

Los ofrendamos con frutas y flores.
De ellos es el pan recién horneado,
el café de la tarde, el agua de azúcar al caer el día.

Sílaba a sílaba, invocarlos con el bálsamo de los rezos.
Cantarles con la sangre de nuestros animales,
hoguera de versos que alumbra sus ausencias.

Soplamos ron y nos profetizan
palabras liberadas del cepo y del látigo.

¡Que a nuestros pies descienda la voz de los muertos!
¡Que nuestros dedos palpen el tambor de su tempestad!
¡Que bailen con nosotros al son de la melodía
                            más antigua!

JÍCARA DE AGUA PARA MIS MUERTOS

Sólo la memoria de la memoria congrega a los muertos.
Me acompañan al filo del cielo
con el calendario de las lluvias.
Nunca estoy sola.
De golpe están aquí y ahora entre mis sueños.
Pensando, a veces, mi corazón los escucha.
Yo los convoco y un océano de luz emerge.
Los siento vivos en mí:
                avanzan
                        descienden...
Viajan en marejadas por todos mis huesos.
Adentro se levanta una legión.
Sus rostros pintados hacen sortilegios en mi sangre.
Dejan rastros de su aliento en mis sendas.
Llevo su retoño bajo el jardín de mis ojos.
Tengo en la punta de mi lengua
                    sus lamentos, su *saudade*.
Late el robusto acento de sus pisadas
como caminar de hoja suelta,
como semilla que rumorea en mis manos,
como miel extasiada en la tempestad de mis pies.

Aquí, en el altar de esta mesa,
        invoco la energía de sus nombres
                como tributo a la vida y a la muerte.

Esta mañana agradeceré, honraré su estirpe,
sembraré sus voces en jícaras de agua.

HABLO EN SUEÑOS CON MIS MUERTOS

Cuando La Habana duerme,
espero impaciente la aparición de mis seres invisibles,
        ciudadanos del aire.
Suelo dialogar en la madrugada con mis muertos.
Les consulto acerca del aroma de mi presente,
el Ashé de sus voces desciende a mis versos.

      ¡Cuánto rocío les debo!
Ellos alientan los latidos de mi canto,
tejen la música remota en mis oídos,
me trazan telares de fábulas.

La lluvia de sus lenguas
                salpica el preludio de este poema.

OFRENDA A LOS MUERTOS

Cuando las nubes se agolpan como avispas en trance,
los gallos, poco a poco, se despiertan
y echan al voleo su trova ceremonial.

Òrúnmìlá, adivino del futuro,
me predice en estera la voz del oráculo.

Con el signo me orienta a la palabra
                             de los muertos.
Ellos bajan por los pasillos de los árboles
a pintar con rayas de tigre la epidermis
de mis sueños.

Yo les ofrendo
               arroz con berenjena
                       nuez de Kolá
                             y bolas de ñame.

Sus voces me susurran
               mensajes que vienen del palenque.

CAZUELA DE MUERTO

Me pregunto y me respondo con el corazón:
¿Cuál de estas estrellas es uno mis ancestros?
¿Podré descifrar sus voces cuando aúllen mi nombre?

Esta noche que desborda álgebras de sueños:
los muertos caminan secretamente vivos
tocan las puertas, encienden las velas y los inciensos,
pasan frente a mí con formas de altas nubes,
maúllan en la risa de los turpiales.

Vienen a la cazuela
                y me abrazan con dulzura infantil.

MISA NEGRA

Un juramento bantú se borda en los labios
                       del Tata Nganga.
En medio de la lluvia dirige el ritual
                       de sacrificio de tres gallos.
Cuando la danza de un relámpago
                       troza el aire y se prolonga,
riega la memoria con la resina de la sangre.

A lo lejos, un tambor de selva
                       acaricia el vuelo de un búho.

En esta misa negra, pronunciamos
                       los nombres de todos nuestros muertos.
Descienden las escaleras del cielo
                       hacia el árbol gigante
donde hace siglos sembraron sus ombligos.

Con las oraciones sus voces se van caminando hacia un caldero de barro, donde se cuece la sal de la creación.

Ahí respiran las aldeas y los reinos africanos
                       arropados por su colmena interior.
Ahí están las palabras sagradas de Tituba
                       durante la quema de brujas.
Ahí reposa el canto de un cimarrón
                       fusilado con el fuego de una escopeta.
Ahí también residen los huesos de aquel fugitivo
                       colgado en lo alto del horcón.

CEREMONIA MUERTERA
Nsala Malekum, Malekum nsala

Yo presiento a una sacerdotisa armada en Zarabanda.
Me adentro en su boscosa lluvia
donde mora la malanga perfumada.
Va como iguana aleteando por el silencio,
como bruja convocada por el canto.

Yo presiento a una sacerdotisa armada en Zarabanda.
Oleadas de tambores copulan en su ombligo.
Su baile atiza el festín mayor
        en los arrecifes de la aldea.

La escucho vociferar aquel secreto en la tumbadora:
    Zarabanda, a ti te llamo
    Zarabanda, a ti te ruego
    Zarabanda, tú eres el ojo
    Zarabanda, tu son malembe
    Zarabanda, tú abres el camino
    Zarabanda, tu son mayimbe.

Yo presiento a una sacerdotisa armada en Zarabanda.
Alba negra, candela por dentro, sombra de azadón y machete, estranguladora de gallos.

A oscuras lleva puesta la máscara
                ritual para oficiar la muerte.
Ninguna agonía la hará detener
su sangre de reptil bajo el fogón de la tierra.

Yo presiento a una sacerdotisa armada en Zarabanda.
La guardo en mis plegarias,
              la enciendo verso a verso,
                          la llevo en mis gemidos.

¡Ay, anochecer del alma mía!

SINFONÍA DE ANCESTROS

Voces, gritos, canciones.
Una orquesta de gaviotas que resuena desde adentro,
sinfonía de los atardeceres del alma, barcos de la
                                                 memoria.
Van vestidos de ébano y marfil,
y con sus sonrisas de agua,
y con sus pasos de Serpiente Cósmica,
van transitando entre la comarca de los sueños.

En la escritura de nuestros cuerpos
los ancestros con sus tintas de calamar,
nos dibujan árboles en las pupilas,
manglares de nostalgias, cartografías antiguas.

Los ancestros lamen nuestros oleajes de sangre,
rememoran nuestras heridas,
se ocultan entre las hojas secas.

Impacientes se asoman con el ojo de sus lenguas.
Bogan en las orillas con sus remos de ceiba.
Trenzan las pieles del tiempo.

ROGATIVA

Hoy una oración ocupa mi pensamiento.

                    Sacude mis ojos
y traza un presagio de los dioses:

¿Dónde están mis ancestros?

La pregunta se hace inmensa como la memoria
                              de las palabras
cuando recobran el cuerpo de los mitos.

Busco respuestas en las edades del pasado,
        en las orillas de la luz,
        en la sustancia del sueño,
        en las estelas del silencio.

Busco a los maestros de lo oculto
        en las cicatrices del tiempo
        en los gritos de la carimba
        en los volcanes entre mis manos.

LENGUA DE INVOCACIÓN

Hilos de la palabra cantada
                me convocan esta noche.

Se abren por los caminos
y me trazan su geometría de nostalgias.

Vuelan de la mano del tiempo
con un sonido aéreo
sobre el rumor de las hojas.
Se encienden en mi voz
y crecen como frutos en mi garganta.

Resonancias,
         lenguas de mis ancestros,
hoy hablen por mí:
                las invoco.

Derramen su marejada de sueños
        sobre la vertiente de mis ríos.

Con las pulsaciones del viento
        empujen el pregón mis pasos.

Resonancias,
         lenguas de mis ancestros,
resurjan de la savia como la semilla naciente
bajo el follaje de la tierra.

¡Fecunden el polen de mis días!

MI ANCESTRA

Lleva siglos incendiando
          la musgosa cerradura de mi cuerpo.
Su herencia vestida de caracoles
          es pálpito entre mis venas.
Nuestras vidas se entrelazan
          bajo el árbol sagrado de la ceiba.

Quienes la conocieron,
la recuerdan columpiándose en su mecedora de mimbre.
Tranquila, como si no la acechara el vértigo de la muerte
frente al alba.

Dicen que los gatos cazaban crepúsculos
                        de sus manos.
Dicen que en el malecón de sus ojos
       se asomaban barcos oxidados.
Vieron al viento del sur
               tallarle un mantra de Olokun.

Aún la ven correr
entre las grietas del *reino de este mundo*
con un pedazo de aurora entre los labios.

En el portón del viejo patio de mi infancia,
la han visto convertida en una extraña criatura
picoteando junto a los pollos.

CENTINELAS DEL TIEMPO

Alzo mi alma hacia las ventanas del cielo.
Veo un ejército de ancestros.
Se han vuelto centinelas del tiempo,
y con los ojos de la luna
                bajan a rondar mi cabeza.

En el graznido del pájaro carpintero les oigo decir:
        Descifra los enigmas en el murmullo del viento.
        Somos fogonazos en tu mirada,
          tacto de pensamiento en la garganta.

En el chillido del pájaro carpintero les oigo cantar:
        Somos alimento de tu palabra,
          la íntima fragancia en el río de tus venas,
          el olor a vergel en el istmo de la noche.

Somos el perfume cimarrón de tus sueños.
La memoria de toda la gente prieta,
                que como tú, nos escucha.

SIGNO DE LOS ESPÍRITUS

En diálogo de pupilas
           converso con mi memoria.
Los presagios en mi corazón se elevan.
Poco a poco ayuno mis pensamientos:
               mi cuerpo se suaviza,
               mi útero se acomoda.

Una vez más peso cada sonido de mi quietud.
Me detengo a leer los signos del cielo
entre las alas de mis labios.

El silencio se hace resplandor
           y comienza a hablar sin ataduras.

En la noche, polvillo empapado de carbón,
               la lluvia silba y canta.

Se enciende mi intuición como una tinta de luz.
Siento la llegada de mis espíritus-guías.
Oigo sus voces de trueno
           girando como un satélite en mis pies.

Viajan a mí con el pasaporte antiguo del tiempo.

EL LLAMADO DEL TABACO

Cuando anochece amaneciendo en mis ojos
invoco a los espíritus del agua.

Se abre el tiempo como un níspero maduro.

Les pido asciendan por las quebradas
                        y montes de este tabaco.

SUEÑO VUDÚ

Que me abrigue el resplandor de la mañana.
Que me extienda el mar su lengua.
Que una guacamaya navegue el aire.

Más allá de las nubes, me sueñan los *loas*,
espíritus del Vudú.

Llevan la sal cosida en sus labios.
Piden beber del río, del agua-madre
que les fue negada en vida.

Vienen a revelarse bajo mi paladar,
vienen a amamantar mi esperanza.

Con el corazón liviano de penas,
reinventan el diccionario del camino.

Consejo de ancianos

Bajo la danza de la lluvia
ha venido un consejo de ancianos.
Su fuego se alimenta del brebaje del canto.
Su brisa se congrega en la patria de mi infancia.

Es tiempo de latir con sus pasos,
                            de atender a su llamado.

Oigo mugir en mi sangre sus temblores de selva.

¡Cómo truena mi espíritu su ruta ebria!
¡Cómo recorren mi piel bajo el aire brujo!
¡Cómo ríe su maraca tropical!

Oigo el recital de sus collares
                      abrir mis oídos a la palabra.

Los escucho con nitidez en el fraseo de las hojas,
en el abrazo de las raíces
                        donde se instala la vida.

TRIBUTO A MI TATARABUELA
moforibale

Yo te saludo abuela de mi abuela,
nombre de selva o nombre musical de río.
Marca de hierro sobre el barracón de mis hombros.

Matria nocturna,
                cómplice de estrellas,
de tus crespos cuelgan constelaciones de plumas.
Yo me reflejo en tus ojos de mujer-ave
convertida en zumbido de hojas.

Te rezo este credo de brujas
                        con mi lengua de bosque.

Curandera mía, cuando te pronuncio
                        se me colma la boca de cariño.

Estás aquí asomada en el balcón de mis recuerdos,
en la caligrafía de mi corazón.

Proclama de mi sangre bozal,
yo acaricio el espíritu de tu útero:
esa terraza con olores a toronjil y salvia,
                        a romero y laurel
con sabores a cazabe y melao de caña.

Te ofrendo mi canto para que corras libre
                        a desarrugar tristezas.

Te doy gracias por acompañar mis caminos
y regar con efecto de sol mis raíces.

Yo te saludo, partera de la esperanza,
clarividente
                fumadora de tabaco.

Que en mi renacer de alba
broten eucaliptos y canelos junto a tu fronda.
Te pido, guíes mi mapa de vida.
            Hoy te dedico mis mejores pregones.

OLOR A CAFÉ

Será porque cada arruga de su rostro
es una vereda del destino.

O será porque a través de la vida
ha coleccionado calendarios,
galerías de tapiz familiar.

No sé por qué cuando boga el olor a café
por los amplios corredores de la casa,

mientras la nostalgia madura su túnica,
el silencio es el único lenguaje de mi abuela.

NOMBRAR LA AUSENCIA

El comején del recuerdo
se enrosca como un bolero
               tras su llanura de nostalgia.

Espero el regreso del tiempo
y me veo sentada sobre las rodillas de mi abuela.
Al compás de una mecedora escucho cuentos de árboles
               trepando las ventanas del sol.

Relatos con largas pausas
que esculpe con su paciencia de mujer antigua.

A lo lejos,
      un canario aletea
            la saluda silbando una cumbia.

TAJOS DE LUZ

Veo flotar el retrato en óleo de mi abuela.
Se asoman los esteros de sus ojos mulatos.
Sus rizos envueltos en una peineta de carey.

Viene con ella un pájaro de agua.
Seguramente para alertar al recuerdo
de la orfandad de los años.

Y como si acunara la infancia de mi casa,
me deja un olor a sancocho de guandú,
me deja tajos de luz en la palabra.
.

ABUELA JACINTA

Como el trueno al morir en el jardín de las nubes;
o como las flores cuando reencarnan en forma de olas,
la abuela Jacinta
              siempre sabrá cómo ser fogón en la retina.

Seguro nadie en la familia podrá creerlo,
pero la abuela siempre sabrá cómo abrir
las puertas del día ante la primicia del gallo.

Tengo la certeza,
que su voz cincelada de bosque
              empapada de uvas
seguirá convertida en semilla al viento,
seguirá su curso de río en la respiración de la tierra.
.

OSTRAS EN MI LENGUA

Me habita una niña vestida de blanco
                         y untada de trópico.
Desde otras vidas me acompaña con ternura.
Va y viene por mi cuerpo como por el aire.
Llevo su olor a cilantro, artemisa y verbena.

¡Y cómo sube un sabor a ostras en mi lengua!
Siento su brío en el litoral de mi alma;
el cauce de sus venas rondar mis brazos.

Yo misma la vi usar crayones para colorear
la pecera de mis pensamientos.
Sus pies narran una fábula bajo el agua.
Derrama palabras con tintas de calamar
                 sobre la página de mis sendas.

Soy su añoranza de retorno
       a la comarca de un mar cimarrón.

Conversamos como si multiplicáramos
                       un solo canto.

A mano alzada, algunas veces, es ella quien
                     escribe mis poemas.
Habla con mi voz y yo con sus sílabas.

TRES PALABRAS DE ORULA

Un mensaje retornó a mí
como un soplo de tambor en la garganta.
Lo sentí crepitar en la *kora* de mis manos
cuando ablandaba el aire para recoger el tiempo.

Con la flora de los rezos
                polinizó mi recuerdo.

Bajo la lámpara del alba
        amasó la greda de mis vuelos
                y trepó el árbol de mi esperanza.

Mientras el mar esculpía sus peces
                abrió las aldeas de los signos
                    con el pulso cierto de la gestación.

En su lengua de arcilla
puso tres palabras en mis labios:
                    ¡Áború Aboyè Abosísé!

OJOS ANTIGUOS

Una noche rezume misterio.

Ruge erizada en los bordes de mi sueño.
Araña mi cuerpo, peregrina mi alma.

Cae como la mirada de los planetas en mis oídos.
Tiene reflejos de aguacero vibrando a un mismo son.

Ellos están en el vivero sanguíneo,
en la prédica del viento,
en las sombras de la lechuza y del búho.

Sus fulgores, ocultos entre la retina de las nubes,
son los ojos antiguos de mis dioses.

TEJIENDO REZOS

En este hilo de la vida
voy tejiendo rezos a mis dioses.

Cuando las aves se hacen hojas
un silencio me habita con el parto de la luna.

Se serena un olor a lluvia en mis ojos.

Abro un círculo en la bahía del cielo
y libero mis pájaros de fuego.

A través del incienso de mis altares
el universo me escucha.

ENCUENTRO

Lenguas de estrellas cantan en vilo
cuando la luna recorre caminos de anochecer.

Deslizan su danza sobre el follaje
                      marino de mi memoria.

Lanzan un tropel de viento
por las sendas más rojas de mi corazón.

Con la intuición en mis ojos
sacudo la polvareda de la bruma,
separo el caparazón que amortaja mi cuerpo.

Con la esperanza de que me nazcan alas
        cruzo las puertas ocultas del tiempo.

Voy presurosa al encuentro con mis dioses.

INICIACIÓN
Iyaworaje

Traigo plegarias envueltas en mi turbante.
Hoy es un día de celebración
en mi cabildeo espiritual:

Yo imploré caminos fértiles,
y Eleggúa, mensajero de la encrucijada,
me pidió harina de maíz, yuca con mojo
                        y dulce de guayaba.

Yo pedí vencimiento,
y Oggún, el artesano de la manigua,
se crispó de verde monte
y cubrió las nervaduras de mi piel.

Yo pedí salud,
y Ochosi, el cazador de la morada de barro,
conjuró las raíces en el amanecer del bosque.
Abrigó con plumas la hierba de mi ombligo.

Yo pedí sabiduría,
y Obatalá, soberano de las velas blancas,
descendió su semblante de lirio
sobre la comarca de mis pensamientos.

Yo pedí fuerza,
y Aggayú, guardián del fuego,
inundó como un volcán
la corteza de mis músculos.

Yo invoqué a la justicia,
y Shangó, silbato del trueno,
estremeció el aire con una hoguera
encabritada en su pecho.

Yo pedí bienestar,
y Yemayá, la Madre de los peces,
enjuagó las arterias de mi útero
entre los pliegues invisibles del mar.

Yo pedí armonía,
y Oshún, reina de las aguas dulces,
peinó mis angustias en sus espejos de vapor.
Talló mi vientre con su mantra fluvial.

Yo pedí transformación,
y Oyá-Yansá, hacedora de lluvias,
agitada por la danza de los astros
lanzó soplidos que rizaron el pelo del viento.

En armonía con el cielo saludo a mis Orishas.
Doy gracias a los tejedores de sueños
         en el pájaro de la esperanza.

Final e inicio de mi palabra.

ELEGGUÁ, GUARDIÁN DE MI SENDERO

Los inquisidores dicen que un diablo
habita la geografía de mi piel.
Les incomodan mis versos de rompesaragüey
                          directo a las venas.

Voy trastrocando la sintaxis colonial.
El mito me enseña a conjurar la herejía
            con el cacareo de los tambores.

Canto este ritual, este largo poema de alabanza
                    en los patios del alma.

Mientras los pájaros succionan la madrugada,
le ofrendo golosinas y aceite de palma,
le voy lloviznando ron al Guardián de mi sendero.

Con el fulgor de las velas
            brota mi rezo de agua fresca.

Yo te invoco Orisha,
           protector de los sin voz,
           llave de los pactos,
           vigilante de la entrada.

En cada punto de cruce, pronuncio tu nombre,
a esta morada revestido de plumas rojas
bajas por una ranura del cosmos con tu máscara de araña.

Veo cómo las nubes se apartan al verte pasar.
Un olor a manteca de corojo se desgrana del monte.
Te veo galopar como una serpiente
                      entre el follaje del maní.

Comienza la ceremonia del tabaco
                y te ofrezco el sacrificio de la palabra.
Con la corriente de mi lengua
                hablo al oído de los caracoles.

¡Ah, pones tu *ashé* de risa en los labios de los niños!
¡Siento cómo se ensancha tu aliento de raíces!
¡Por fin estás derramando tu perfume sobre mí!

Padre, viajero sin edad,
imploro tu mirada sea tibia conmigo,

dibújame un sendero
                en la ribera madura del tiempo.

OBATALÁ, CORONA DE NÁCAR

I

Yo siento en la altiplanicie de la noche
un murmullo de signos rebosado en mi pecho.
Se humedecen, se destilan,
          como la bahía de un amanecer.

Yo siento el planeta de la vida entre mis hombros.
Su ráfaga de siglos me sacude, inunda mis arterias.

Yo siento cómo el follaje huele a rocío.
Entre aromas una música me colma de frenesí.
Se lanzan los telares del ritmo
        como columpios de plumas al viento.

Entre los dedos del sol
                irisa una morada.

II

Sobre el obelisco del silencio descansa
plácidamente como un gajo de tamarindo.

Se asoma en la llanura del cielo
                la cabeza de Obatalá.
Oigo sus collares en madreperla,
sus manillas ornamentadas en canutillo,
                su campana de metal.

Desciende con lentitud desde la montaña de azúcar.
Agita su bandera de satín en el aire,
con su rabo de vaca
              espanta el disparo de la muerte.

III

¡Tiembla tierra que se mece el mundo!

Rey de la tela blanca, yo te llamo.
Despuntas en los muslos del horizonte
                    una procesión de palomas.

Dime Padre:
        ¿Qué hierbas lechosas sostienen tu altar?

Te he lavado la corona de nácar
        con agua de coco y algodón.
Te he construido un castillo
        con ocho bolitas de ñame.
Te he ofrecido pan de maíz
        empolvado en cascarilla y manteca de cacao.

Mi viejo jorobado,
              observo tu bastón,
                        reconozco la certeza de tu manto.

LA CASA DE YEMAYÁ

Negra señora del mar y del canto,
un destello de algas y corales
acaricia tus senos y acuna la luz
                inundada que me habita.

Alzas el manto de las redes,
y sumerges mi desnudez de sal
                en cascadas de placer.

Abres tus fauces en un manantial de helechos
y adivino tu festín de olas:

Yemayá asesú   asesú Yemayá
   Yemayá oludó   oludó Yemayá

Me seduces con tu saya en espiral.

Escucho cómo el bramido ronco de tu garganta
me aclama
                que somos una.

Desde hace siglos,
mi cuerpo se funde con el vértigo de tus aguas.

HUELLAS DE SHANGÓ

Ahí viene el tigre,
centinela que muerde los fantasmas de los días.
Baja de una grieta del cielo por donde aletea la lluvia.
Llega, da un salto sobre la fauna de las hojas
como si un relámpago tirara de sus lanzas
                                      un incendio.

Yo toco la espesura de su piel
rayada como las venas de las palmas
                mitad madera, resina de ceiba,
                mitad nervios de follaje.

El tigre vibra en su danza de trueno.
Ronronea un guanguancó entre las nubes.
Husmea en las junglas del lenguaje
el grito de su nombre:
¡Kaó Kabiosile!

En sudor de tabaco y aguardiente
toda la noche repica el cuero en sus garras.

Tiene de lazarillo el aroma de los bosques de estas líneas,
pero no es el tigre de Blake, con su temible simetría,
ni el tigre de Borges, con sus laberintos trenzados.

Todo sendero de vida
lleva las huellas de este felino armado con espada.

Las semillas del Muntú

Shangó, espíritu enmascarado,
             siempre vestido de tigre rojo.

En sus pupilas de cazador
se contorsiona la epopeya de la negritud,
la noche del no-retorno que ladró su penumbra.

OYÁ, TU MADRE

Ven, déjame presentarme, soy Oyá.
Con mi rabo de caballo domino
la cofradía de los muertos.

Soy una chispa que se desboca:
me ensancho como centella
               y despeino las palmeras.

Cabalgo la lechuza en las ramas de la noche.
Pastoreo el viento y la marea rizada del sol.

Cuando lluevo
mis aguas desembocan en el río Níger;
reverdecen los veranos del África.

Me enviste una armadura de cobre.
Y estos adornos con franjas de perlas
disimulan mis ojos de araña.

Llevo un tambor en mi pelvis
       y danzo extasiada en los festines.
Hago movimientos circulares
       con mi falda de arcoíris.

Soy la mujer-tornado,
revelo el misterio del oráculo.
Escribo en los párpados del aire la partitura
                           de tu nombre.

Tengo el poder de apartar un ciprés
                para darle paso a tu sendero.

Mi carcajada orquestal es un arrullo
y puedes adivinar mi llegada
                por el grito de los brazaletes.

¿Quién crees que te otorga esa fuerza de águila
                      bajo la respiración de tu piel?
Mírame, hija, soy la bruja alada,
soy la matrona de tus palabras.
Si me llamas con los dedos,
        diciendo: *¡Jekua Jey Yansá!*

        con mi olor a sándalo
        conjuro tus versos.

A OGGÚN, RAÍZ DE MIS SUEÑOS
oríkí

"Me llamo Oggún, soy tu Padre tutelar,
fui el primero en descender del cielo
por medio de una tela de araña".

Me habló a través de una lengua siamesa,
con la escritura sin rostro del oráculo del caracol.
Me dijo: "¿Sabes que hay hojas de malango
                      que matan a la muerte?
¿Sabes que hay hojas de plátano
                      que sanan la vida?".

Sus palabras se estiraron en mis dedos,
se ciñeron a mi espalda como un abrazo de troncos.
Refrescaron la manigua de mi memoria.

Durante el batuque subió desbocado
                      con aullido de mono
y abrió las orillas de mi cuerpo enramado
                      de pétalos y espinas.

Un día me bañó en el río, fue hasta la selva
 y con el secreto del hierro en su machete
                      limpió el terreno.

De su caldero de brujo me obsequió varios
instrumentos: herraduras, yunques y martillos.

Me indicó el camino de la siembra.
Me enseñó a esquivar los alacranes
bajo las cortezas de los árboles.

Bautizó las raíces de mis sueños.
Preñó mi alma de miasmas.
¡Me curó con su magia verde!

Ahora se asoman cataratas de mangles en mis piernas.
Ahora huelo a floresta de tabaco.
Ahora bebo de las hierbas perfumadas
junto con los grillos, las iguanas, los caimanes…

OCHOSI, EL CAZADOR

Aquello es para deslumbrarse
y hasta los animales entreabren su asombro.
Camuflado entre los colores de la selva
                    se yergue un cazador.

A Ochosi lo cabalga una música,
con él brotan los cantos,
                dice la codorniz
mientras enjuaga sus plumas en el río.
A Ochosi le silba una fuerza en sus brazos,
                dice el venado
mientras sacude sus patas sobre el vaivén de las hojas.
Ochosi derrama su tinta de verbo sobre mis párpados,
                dice el Loro Gris
mientras abre la vulva de una semilla con su pico.

Todo en Ochosi es almíbar de magia
                bajo el trova del sol.
Su cuerpo tamborea giros
rápidos como la flecha disparada de la luz.

Hay que ver cómo su arco alumbra
una escritura de agua sobre las rutas del viento.

Hay que oír cómo los latidos de sus pasos
despiertan un leve temblor en la hierba.

Las semillas del Muntú

LAS VENAS DE AGGAYÚ

Esta selva de magma me embrujó
                          y caí en trance.
Escribió un secreto en la retina de mi alma,
y atada a la memoria quedó mi sangre.

Veo este presente con los ojos del fuego.

De mis manos brotan a chorros
                salpicadura de escarchas,
                puñado de lentejuelas,
                floresta de burbujas.

Ahora soy un misterioso volcán
por donde cruza un río.
Toda mi vida bulle bajo la cintura de la tierra.

Soy un temblor que danza
                entre las venas de Aggayú.

SEMBRAR LA TIERRA CON ORISHA OKO

Sostengo un puñado de tierra
                entre mis manos.

Le pido permiso a Orisha Oko,
el dios de la cosecha y la maduración.

Con pala y pico siembro el ombligo
                de toda mi prole.

Le planto abono de mis sueños,
            sudor de alba nocturna.

Le riego agua de mi llanto, música de lluvia,
para que sus huesos broten como árboles.

En el altar de las hojas anidan pájaros
buscando madrigueras de luz.

PRESAGIOS DE OSAÍN

En una mañana de ojos azules
contemplé a Osaín purgar unas semillas de cacao.

Mientras brotaba un enjambre de fragancias,
lo vi tender un mercado de plantas en la selva frutal,
lo vi moler un laberinto de oréganos y mentas.

Espantaba el peligro con cabezas de ajo,
sahumaba el tiempo con la medicina del tabaco.

Lo vi envolver las branquias de la tierra bajo mis pies.
Lo vi en una pintura de Wifredo Lam.

Lo veo ahora en el presagio
                    que sueña este verso.

Santa rumbera

Ahí viene bajando la diosa espléndida,
-la comadrona de los partos campesinos-
        en su carroza de frutabomba.

Viene caminando como un pavorreal
        con su vestido de helechos.
Abanica sus plumas en un resonar de pulseras.
Sus anchas caderas se trenzan
        en la tinaja sensual de los ríos.

Virgen negra, trae un aroma a mango maduro
        en su piel de ébano.

¡Oshún Yalodde!
Santa rumbera de las aguas tibias.
Vino a bendecirme con su sonrisa de canario.

En este toque de güiro bailan con ella
        los silbidos de las abejas,
        el chaleco anaranjado de la codorniz,
        el cacareo guajiro de las gallinas.

A lo lejos, un chivo se estremece
        en la hamaca de la yerba niña.

Le pido permiso a mi Madre,
        tomo asiento en su canoa
        y navego en la proa de su isla.

Le ofrendo un panal de miel
y una paloma jíbara frente de su altar.

No hay eternidad más bella que la de su aleteo.

Yo le ruego que deposite sus semillas en mi útero,

con su hoguera de girasol
                    fecunde mi sortilegio.

ROGATIVA FINAL A LOS DIOSES

Dioses, caminantes del cielo,
                llámenme por mi nombre.
Desde hace siglos nadie lo hace acá en la tierra.

De tanto llorar se me han mojado las raíces.
Tengo los huesos anegados de una tristeza antigua.

De tanto buscarme por los senderos
                        me ha dado fiebre.
De tanto desear respuestas
                se han desatado mugidos en el alma.

Dioses, lo suplico, llámenme por mi nombre:
Busco leer su alfabeto en forma de sueños,
Busco trazar una promesa de esperanza
                en los ojos del viento.

Cuando el tabaco me dibuje palabras
           y me esculpa un destino,
tomen el cuerpo de algún pájaro
y crucen mi ventana haciendo aleteos.

Quiero descifrar su grafología secreta
                en esta lluvia vestida de noche.
Quiero que el pregón de sus voces
              agrande mis pestañas.
Quiero que su canción sea como un concierto
              de arena bajo mis pies.

Dioses, tengan misericordia de mí,
                    llámenme por mi nombre.

Con sus bocas negras,
con sus generosas manos acaricien mi frente.

                    ¡Ahoguen esta pena!

ACERCA DE LA AUTORA

ACERCA DE LA AUTORA

Ashanti Dinah nació en Barranquilla, Caribe colombiano, en 1980. Es poeta, investigadora y activista afrodescendiente.

Es Licenciada en Lenguas Modernas de la Universidad del Atlántico y Magíster en Lingüística y Literatura Hispanoamericana del Instituto Caro y Cuervo.

Hace parte del Programa "Mujeres Afro narran su territorio" del Ministerio de Cultura de Colombia. Perteneció a la Organización Angela Davis e hizo parte del "Proyecto Dignificación de las y los afrodescendientes" a través de la etnoeducación en Colombia, convenio AECID-Secretaría de Educación (2009-2010), del cual es coautora del libro *Investigando el racismo y la discriminación en la escuela* (Bogotá, 2010).

Ha sido maestra del Programa de Pedagogía Infantil de la Universidad Distrital donde coordinó el espacio denominado "Práctica Formativa y Seminario de Investigación", como aporte a la implementación de la Cátedra de Estudios Afrocolombianos en la Educación Superior y la Educación Inicial (primera infancia).

Sus poemas aparecen en los libros *Más allá del decenio de los pueblos afrodescendientes,* CLACSO (La Habana, 2017) y *Nueva Poesía y Narrativa Hispanoamericana del Siglo XXI,* (Madrid, 2018).

Sus poemas han sido traducidos al portugués y al inglés.

Ha colaborado con sus poemas en la Revista Campanilla Cuentos y Poemas. Cuaderno del Taller Libre de

Creación Literaria, Vol. I y II. (Barranquilla 1997-1998), la Revista Casa de Asterión de Barranquilla, Revista Kumba de la Universidad Nacional, Afroféminas de España, Revista Latinoamericana de Cultura Literariedad, Hoja Negra, Otro páramo, Afro-Hispanic Rewiew de EEUU, Revista Latin American Studies Association, Lasa Forum, 2019, y Revista D´Palenque: literatura y afrodescendencia de Perú.

Como poeta ha obtenido los siguientes reconocimientos: Primer Lugar en el Concurso de Poesía de la IV Jornada de Lengua, Literatura, Filosofía. Universidad del Atlántico, Facultad de Ciencias Humanas y Departamento de Idiomas (Barranquilla, 2001). Primera Mención de Poesía en el Concurso Intercolegial "Else Lasker Schüler" organizado por el Colegio Hebreo Unión (Barranquilla, 1997). Segundo Lugar en el Concurso Regional estudiantil Cuento y Poesía "El Caribe Cuenta", organizado por el Instituto Distrital de Cultura, la Secretaría de Educación y el Colectivo Artístico y Cultural Luna y Sol. (Barranquilla, 1996). Mención de Honor en el primer concurso intercolegial de poesía y cuento "José Félix Fuenmayor" convocado por la Revista Calamar (Barranquilla, 1996).

Ha sido invitada a varios encuentros nacionales e internacionales: Festival Internacional de poesía, PoeMaRío de Barranquilla, 2019. Festival de Poesía de Manaure-César, 2018. Encuentro Continental Intercultural de Literaturas Amerindias (EILA) organizado por la Universidad Javeriana, la Biblioteca Nacional de Colombia y la Feria Internacional del Libro de Bogotá, FILBO, 2017, 2018 y 2019.

Recital de Poesía tamboreada, organizado por el Ministerio de Cultura, Feria del Libro de Bogotá, FILBO,

2018. Recital de Poesía Negra, Universidad Externado de Colombia, 2016. Encuentro de Poetas del Caribe y el Mundo Jesús Cos Causse, de El Caribe que nos une, en el 36 Festival del Caribe, Santiago de Cuba, 2016. Festival de Poesía Negra y Cantos Ancestrales, Cartagena, 2016. El Cuarto festival de arte y literatura afro e indígena, "palabras mayores, Quibdó, 2015. Recital de Afropoesía, Proyecto Filma Afro organizado en la Cooperación Española y el Museo Histórico de Cartagena, 2019. Participó en el Hay Festival, Cartagena, 2019. Recital Afro-poético: Un Grito de Esperanza por Buenaventura, organizado Secretaría de Educación Distrital de Bogotá, Feria Internacional del Libro -FILBO- 2014.

Entre sus premios y distinciones se destaca: Premio Benkos Biohó, 2016, en la categoría de Etnoeducación, en el Día Nacional de la Afrocolombianidad, otorgado por el Instituto Distrital de la Participación y Acción Comunal-IDPAC. Premio-Reconocimiento como militante en el marco de la Conmemoración del "Día Internacional de la Mujer Afrolatina, Afrocaribeña y de la Diáspora", otorgado por el Movimiento Social de Mujeres Negras de Bogotá, la Secretaría Distrital de la Mujer (SDMujer) Dirección de enfoque Diferencial y la Subdirección de Asuntos Étnicos de Bogotá, 2019. Seleccionada por la ANTV (Autoridad Nacional en Televisión de Colombia) como una de las personalidades afrocolombianas destacadas del país para el Decenio Afro, 2015-2024.

ÍNDICE

LAS SEMILLAS DEL MUNTÚ

PRÓLOGO · 11

Orgasmo de la creación · 29
Cuerpo de astronomía · 30
Destino del Muntú · 32
Tataranietos del Muntú · 34
El río Níger cuenta su viaje · 35
Ella con su aroma de albahaca · 36
Río de mi padre · 37
Dualidad del tiempo · 38
La vida de los muertos · 39
Jícara de agua para mis muertos · 41
Hablo en sueños con mis muertos · 42
Ofrenda a los muertos · 43
Cazuela de muerto · 44
Misa negra · 45
Ceremonia muertera · 46
Sinfonía de ancestros · 48
Rogativa · 49

Lengua de invocación · 50

Mi ancestra · 51

Centinelas del tiempo · 52

Signo de los espíritus · 53

El llamado del tabaco · 54

Sueño Vudú · 55

Consejo de ancianos · 56

Tributo a mi tatarabuela · 57

Olor a café · 59

Nombrar la ausencia · 60

Tajos de luz · 61

Abuela Jacinta · 62

Ostras en mi lengua · 63

Tres palabras de Orula · 64

Ojos antiguos · 65

Tejiendo rezos · 66

Encuentro · 67

Iniciación · 68

Elegguá, guardián de mi sendero · 70

Obatalá, corona de nácar · 72

La casa de Yemayá · 74

Huellas de Shangó · 75

Oyá, mi madre · 77

A Oggún, raíz de mis sueños · 79

Ochosi, el cazador · 81
Las venas de Aggayú · 82
Sembrar la tierra con Orisha Oko · 83
Presagios de Osaín · 84
Santa rumbera · 85
Rogativa final a los dioses · 87

ACERCA DE LA AUTORA · 89

Colección
MUSEO SALVAJE
Poesía latinoamericana
(Homenaje a Olga Orozco)

1
La imperfección del deseo
Adrián Cadavid

2
La sal de la locura / Le Sel de la folie
Fredy Yezzed

3
El idioma de los parques / The Language of the Parks
Marisa Russo

4
Los días de Ellwood
Manuel Adrián López

5
Los dictados del mar
William Velásquez Vásquez

6
Paisaje nihilista
Susan Campos-Fonseca

7
La doncella sin manos
Magdalena Camargo Lemieszek

8
Disidencia
Katherine Medina Rondón

9
Danza de cuatro brazos
Silvia Siller

10
Carta de las mujeres de este país / Letter from the Women of this Country
Fredy Yezzed

11
El año de la necesidad
Juan Carlos Olivas

12
El país de las palabras rotas / The Land of Broken Words
Juan Esteban Londoño

13
Versos vagabundos
Milton Fernández

14
Cerrar una ciudad
Santiago Grijalva

15
El rumor de las cosas
Linda Morales Caballero

16
La canción que me salva / The Song that Saves Me
Sergio Geese

17
El nombre del alba
Juan Súarez Proaño

18
Tarde en Manhattan
Karla Coreas

19
Un cuerpo negro / A Black Body
Lubi Prates

20
Sin lengua y otras imposibilidades dramáticas
Ely Rosa Zamora

21
El diario inédito del filósofo vienés Ludwig Wittgenstein /
Le Journal Inédit Du Philosophe Viennois Ludwig Wittgenstein
Fredy Yezzed

22
El trazo de la grulla / The crane's trail
Monthia Sancho

23
Un árbol cruza la ciudad / A Tree Crossing The City
Miguel Ángel Zapata

24
Las semillas del Muntú
Ashanti Dinah

Para los que piensan, como Lezama Lima, que las mejores lecturas son las que se hacen con infinitas interpolaciones, este libro se terminó de imprimir simultáneamente en el mes de noviembre de 2019 en los Estados Unidos de América; en Buenos Aires, en Abisinia Editorial; y en Bogotá, en los talleres de Imagen Editorial, en papel bulky de 59.2 g. y tipografía Garamond, con un tiraje de 300 ejemplares.

www.ingramcontent.com/pod-product-compliance
Lightning Source LLC
Chambersburg PA
CBHW030121170426
43198CB00009B/690